CW00543547

UNA CONDENSACIÓN DEL LIBRO

Cómo ganar amigos e influir sobre las personas

DALE CARNEGIE

Titulo Original: How To Win Friends And
Influence People:
A Condensation From The Book
Traducción: Nicole Batmak

Fax: 1 (815)6428329

Contacto: info@bnpublishing.com

www.bnpublishing.com

Diseño: Karen Suess
Diseño Portada: Jose.A. Neuman

"¡La capacidad de tratar con la gente es una mercancía adquirible, como el azúcar o el café! Y pagaré más por esa capacidad que por cualquier otro bajo el sol. "

—JOHN D. ROCKEFELLER, SR.

Tabla de contenidos

Este es un manual de trabajo en relaciones humanas. No es sólo para ser leído. Es para ser utilizado. Si el conocimiento que contiene no se aplica, pronto será olvidado.

¿Por qué no llevar este cuadernillo en el bolsillo todos los días?

¿Por qué no leerlo antes de tener esa entrevista tan difícil?

¿Por qué no revisarlo antes de dictar esa carta delicada?

¿Por qué no echar un vistazo cada vez que sienta la tentación de criticar, o de quejarse, o de hablar de lo que quieres?

Cómo ganar amigos e influir sobre las personas

1. No criticar

El ejército alemán no permitirá que un soldado presente una queja o haga una crítica inmediatamente después de que ha sucedido algo. Primero tiene que dormir en su rencor y calmarse. Si presenta su queja inmediatamente, es castigado. Por los eternos, debería haber una ley como esa en la vida civil también, una ley para padres quejumbrosos, esposas gruñonas y empleadores regañones, y todo el desfile de gente desagradable buscadora de defectos.

Si quieres recoger miel, no vas por ahí "dando golpes a las colmenas", como Abraham Lincoln solía decir.

El difunto John Wanamaker, una vez confesó: "Me enteré hace treinta años que es una tontería regañar. Tengo suficientes problemas para superar mis propias limitaciones, sin preocuparme por el hecho de que Dios no ha distribuido uniformemente el don de la inteligencia. "

Wanamaker aprendió esta lección temprano, pero yo personalmente tuve que vivir en este viejo mundo durante un tercio de siglo antes de comenzar a darme cuenta de que noventa y nueve veces de cada cien, ningún hombre se critica a sí mismo por algo, sin importar lo equivocado que pueda estar.

Cuando tratamos con personas, recordemos que no estamos tratando con criaturas lógicas. Estamos tratando con seres de emoción, seres humanos erizados de prejuicios, y motivados por el orgullo y la vanidad.

La crítica es inútil porque pone al hombre a la defensiva y, por lo general, lo hace tratar de justificarse a sí mismo, sin importar lo equivocado que pueda estar. La crítica es peligrosa porque lastima el preciado orgullo de un hombre, hiere su sentido de importancia, y despierta su resentimiento.

"Yo nunca critico a nadie", dice el Sr. Schwab. "Estoy ansioso de dar elogios, pero poco dispuesto a criticar."

¿Conoces a alguien al que te gustaría cambiar, regular y mejorar? ¡Bien! Eso está muy bien. ¿Por qué no empezar por ti mismo? Desde un punto de vista puramente egoísta, es mucho más rentable que tratar de mejorar a los demás-y mucho menos peligroso. Es probable que te tome desde ahora hasta Navidad para perfeccionarte. Luego, puedes tener un largo y agradable descanso durante las vacaciones, y dedicar el Año Nuevo para criticar a los demás.

Pero primero tienes que perfeccionarte a ti mismo.

"No te quejes de la nieve en el tejado de tu vecino", dijo Confucio, "cuando tu propia casa esta inmunda."

Cualquier tonto puede criticar, condenar y quejarse, y eso hacen la mayoría de los necios.

Pero se necesita carácter y dominio de sí mismo que comprender y perdonar. "Un gran hombre demuestra su grandeza", dijo Carlyle, "por la forma en que trata a los hombres pequeños".

Cuando la señora Lincoln condenó a los sureños durante la Guerra Civil, Lincoln, con malicia hacia nadie y caridad para todos, le dijo:

"No los critiquen. Son justo lo que seríamos en circunstancias similares".

En lugar de condenar a la gente, vamos a tratar de entenderlos. Vamos a tratar de averiguar por qué hacen lo que hacen. Eso es mucho más rentable y mucho más interesante que la crítica, y reproduce la simpatía, la tolerancia y la bondad. "Saberlo todo es perdonarlo todo".

El brillante doctor Johnson dijo una vez:

"Dios mismo, señor, no se propone juzgar al hombre hasta el final de sus días."

¿Por qué entonces deberíamos usted y yo?

2. Demuestre aprecio honesto

Una vez entrevisté a la única persona en el mundo que se le pagó un salario fijo de un millón de dólares al año-Charles Schwab.

Andrew Carnegie pagó al señor Schwab, un millón de dólares al año. ¿Por qué? ¿Por el conocimiento de acero de Schwab? No. Schwab me dijo que era, en gran medida, debido a su habilidad en las relaciones humanas. Así que le pedi al señor Schwab que me revelara el secreto de su extraordinaria habilidad para tratar con la gente. Aquí está en sus propias palabras-palabras que deben ser fundidas en bronce eterno y colgado en cada hogar y escuela, en todas las tiendas y oficinas de la Tierra-palabras que los niños deben de memorizar, en vez de perder su tiempo memorizando la declinación de verbos, o la cantidad de precipitación anual en Brasil-las palabras que todos, palabras que pueden transformar su vida y la mía, si sólo las viviéramos:

"Considero que mi capacidad para despertar entusiasmo entre los hombres", dijo Schwab, "el mayor activo que poseo, y la forma de desarrollar lo mejor que hay en un hombre es por el aprecio y el aliento. No hay nada que mate tan rápidamente las ambiciones de un hombre, como las críticas de sus superiores. Nunca critique a nadie. Yo creo en dar al hombre un incentivo para trabajar. Así que estoy ansioso de dar elogios, pero poco dispuesto a criticar. Si me gusta algo, es que soy caluroso en mi aprobación y generoso en dar elogio. "

Eso es lo que hace Schwab. Pero ¿Qué hace el hombre promedio? Todo lo contrario. Si no le gusta una cosa, eleva al viejo Harry; si le gusta, no dice nada.

Abraham Lincoln, comenzó una de sus cartas diciendo: "A todo el mundo le gusta un cumplido. . .". Sí, por supuesto, lo hacemos. El profesor John Dewey, el filósofo más profundo de Estados Unidos, declara que el deseo más profundo de la naturaleza humana es "el deseo de ser importante." Y cumplidos nos hacen sentir importantes.

Todos anhelamos aprecio, que todos anhelamos sincera alabanza, y rara vez lo recibimos.

Aquí hay un roedor y humano con apetito inquebrantable, y el hombre que con honestidad lo satisface, las personas estarán en la palma de su mano.

¿La adulación? ¡No! ¡No! La adulación es superficial, egoísta y poco sincero. Debe fallar, y normalmente lo hace. La adulación es de los dientes hacia fuera. Nuestro sincero agradecimiento es desde el corazón. ¡No! ¡No! ¡No! No estoy sugiriendo la adulación! Lejos de ello. Estoy hablando de una nueva forma de vida. Permítanme repetir. Estoy hablando de una nueva forma de vida.

"En mi asociación amplia en la vida, encontrándome con muchos y grandes hombres, en varias partes del mundo", declaró Schwab, "todavía tengo que encontrar al hombre, por grande o exaltado su puesto, que no hace un mejor trabajo y expone un mayor esfuerzo bajo un espíritu de aprobación, de lo que nunca haría bajo un espíritu de crítica".

Eso, dijo, francamente, fue una de las razones relevantes para el éxito fenomenal de Andrew Carnegie. Carnegie elogió públicamente a sus asociados, así como en privado.

Carnegie quiso elogiar a sus ayudantes, incluso en su lápida. Él escribió un epitafio para sí mismo, que decía: "Aquí yace alguien que sabía cómo conseguir a su alrededor hombres que eran más inteligentes que él".

3. No hable sobre lo que quiere, hable sobre lo que su oyente quiere

Me gustan las fresas con crema, pero cuando fui a pescar en Maine el verano pasado, no cebe el anzuelo con fresas y crema. No cebo el anzuelo con lo que me gustaba. Lo cebo con lo que le gustaba el pescado. ¿Por qué usted y yo no usamos el mismo sentido común para la pesca de hombres?

Usted está intensamente, y eternamente interesado en lo que quiere. Pero no hay nadie más que lo esté. El resto de nosotros somos como tú: estamos interesados en lo que queremos.

Así que la única manera en el mundo, para influir en el otro es hablar de lo que quiere y mostrarle cómo conseguirlo. Recuerde que mañana, cuando usted esté tratando de conseguir que alguien haga algo. Si, por ejemplo, usted no quiere que su hijo fume, no se acerque a él desde su punto de vista, muéstrele que los cigarrillos pueden impedirle formar parte del equipo de béisbol o de ganar la carrera de cien metros.

Ralph Waldo Emerson dijo en su diario cómo él y su hijo trataron de meter a un becerro rebelde en el granero. Emerson empujaba y su hijo tiraba, pero el ternero endureció las piernas y se resistió tenazmente. La criada irlandesa vio su situación, puso un dedo maternal en la boca del becerro, y dejó que el becerro le chupara el dedo, mientras que ella, gentilmente, lo llevaba al granero. Emerson había pensado solamente en lo que él quería, pero la criada irlandesa pensó en lo que quería el ternero.

"Si hay un secreto para el éxito", dice Henry Ford, "se encuentra en la capacidad de obtener el punto de vista de la otra persona, y ver las cosas desde su ángulo, así como si fuera el suyo."

Cinco maneras para hacer que le gustes a la gente

1. Interésese sinceramente por los demás

Muchos de los mejores recuerdos de mi infancia de son alrededor de un pequeño perro de pelo amarillo con una cola. "Tippy" nunca leyó un libro sobre psicología. No le era necesario. Ni el profesor William James, ni el profesor Harry Overstreet le podría haber dicho nada acerca de las relaciones humanas. Tenía una técnica perfecta para hacer que a la gente le gustara. A él le gustaba la gente- y su interés por mí era tan sincero y genuino que yo no podía dejar de quererlo y amarlo, a cambio.

¿Quieres hacer amigos? Toma un consejo de "Tippy". Sé amable. Olvídate de ti mismo. Piensa en los demás.

"Tippy" sabía que uno puede hacer más amigos en dos meses, al tener un interés genuino por los demás, de los que puede hace en dos años, tratando de conseguir que otras personas se interesen por usted. Permítanme repetir eso. Esta vez, voy a ponerlo en cursiva. Usted puede hacer más amigos en dos meses si se interesa en los demás, de los que puede hacer en dos años tratando de conseguir que otras personas se interesen por usted.

Sin embargo, yo conozco y tú conoces gente que van equivocados por la vida tratando de lograr que otras personas se interesen en ellos.

Por supuesto, no funciona. La gente no está interesada en ti. Ellos no están interesados en mí. Ellos están interesados en sí mismos en la mañana, al mediodía, y después de la cena.

La compañía telefónica de Nueva York hizo un estudio detallado de las conversaciones telefónicas para averiguar qué palabra es la más utilizada. Lo has adivinado: es el pronombre personal "yo" "yo" "yo" que se utilizó 3.990 veces en 500 conversaciones telefónicas. "Yo" "yo" "yo" "yo" "yo"

Cuando ve una fotografía de grupo en la que usted se encuentra, ¿Qué imagen busca en primer lugar?

Si usted piensa que la gente está interesada en usted, responda a esta pregunta: ¿Si usted muriera esta noche, ¿cuántas personas vendrían a su funeral?

¿Por qué la gente debería interesarse en ti, a menos que tú te intereses en ellos primero? Agarre su lápiz ahora, y escriba su respuesta aquí:

Si nos limitamos a tratar de impresionar a la gente y hacer que la gente se interese en nosotros, nunca vamos a tener muchos amigos verdaderos y sinceros. Amigos, los verdaderos amigos, no se logran de esa manera.

Napoleón lo intentó, y en su último encuentro con Josefina, dijo: "Josefina, he tenido más suerte que cualquier hombre en esta tierra y, sin embargo, a esta hora, eres la única persona en el mundo en la que puedo confiar". Y los historiadores dudan de que podía confiar en ella, incluso.

Hudson Maxim, el inventor de la pólvora sin humo, dio un consejo muy bueno, cuando dijo: "Hay dos clases de consideraciones que las personas tratan de recibir de otros, la admiración y el amor. Ahora, la forma en que deseas comportarte es dejar que la admiración cuelgue y hacer que la gente te ame. Siempre que la gente admira, envidia, y la envidia genera enemigos".

Repito: "Usted puede hacer más amigos en dos meses, al tener un interés genuino por los demás, de los que puede hacerse en dos años, tratando de conseguir que otras personas se interesen en ti".

2. Sonríe

Una noche, asistí a una cena en el Casino en el Parque Central. Uno de los invitados, una mujer que había heredado dinero, estaba ansiosa por hacer una grata impresión en todo el mundo. Ella había gastado una fortuna en sables, diamantes y perlas. Pero ella no había hecho nada en absoluto sobre su rostro. Irradiaba amargura y egoísmo. No se dio cuenta de que la expresión que llevaba en su rostro era más importante que la ropa que llevaba puesta.

Charles Schwab dijo que su sonrisa se había valía un millón de dólares. Y probablemente estaba subestimando.

Una vez pasé una hora con Maurice Chevalier. Estaba triste y taciturno-muy diferente de lo que esperaba, hasta que sonrió. Entonces, pareció como si el sol saliera a través de una nube. Si no hubiera sido por su sonrisa, Maurice Chevalier, probablemente, seguiría siendo una copia de ebanista en París, siguiendo el oficio de su padre y hermanos.

Una sonrisa irradia calor. Dice: "Me alegro de verte. Me haces feliz". Bueno, si usted está realmente contento de verme, ciertamente yo voy a estar feliz de verlo.

¿Una sonrisa falsa? No. Eso no engaña a nadie. Sabemos que es mecánico y lo resentimos. Estoy hablando de una verdadera sonrisa, una sonrisa reconfortante, una sonrisa que viene de adentro.

¿Cómo se puede conseguir el hábito de sonreír? Escucha esto. El profesor William James, de Harvard, dijo: "La acción parece seguir al sentimiento, pero en realidad acción y sentimiento van de la mano. . . De este modo, el camino soberanamente voluntario hacia la alegría es sentarse con alegría, y actuar y hablar como si la alegría ya estuviese ahí".

3.Recuerde que el nombre de un hombre es para él el sonido más dulce e importante del idioma

En una ocasión le pedí a Jim Farley que me dijera el secreto de su éxito. Él dijo: "El trabajo duro", y le dije: "No seas gracioso."

Luego me preguntó cuál pensaba yo que era la razón de su éxito. Respondí:"Entiendo que puede llamar a diez mil personas por sus nombres".

"No. Usted está equivocado ", dijo. "Puedo llamar a cincuenta mil personas por sus nombres".

No nos equivoquemos al respecto. Esta capacidad que ayudó a Jim Farley, puso a Franklin D. Roosevelt en la Casa Blanca.

Recientemente he realizado un curso para la Junior League de Nueva York, y una de las mujeres jóvenes me dijo que había descubierto, temprano en la vida, cómo ser popular en un baile. Se las arregló para obtener el nombre de un hombre joven la primera vez que bailó con ella, y cuando la buscó de nuevo, más tarde en la noche, ella llamó su nombre y lo llamó con entusiasmo. Él era de ella, después de eso, por el resto de la noche.

Con frecuencia, tenemos dificultad para recordar los nombres de las personas a las que hemos conocido, ya que nunca oímos el nombre con claridad. Si usted no entiende el nombre de una persona, se le puede rendir un homenaje, al decir: "Lo siento mucho. No recibí el nombre con claridad". Él estará encantado de que haya dado tanta importancia a su nombre. Pídele que lo repita. Pídale que se lo escriba. Si se trata de un nombre poco común, haga una observación de lo extraño que es. Y mientras usted está hablando con él, siga diciendo su nombre una y otra vez en su mente. Utilice su nombre varias veces en su conversación y cuando dices adiós, repite su nombre otra vez.

4. Sea un buen oyente. Anime a otros a hablar de sí mismos.

Recientemente, me invitaron a una fiesta de bridge. Personalmente, no juego al bridge, y había una mujer joven allí, y que no sabía jugar al bridge.

Descubrió que mi trabajo me ha hecho viajar en Europa durante cerca de cinco años.

Entonces ella dijo: "¡Oh, señor Carnegie, quiero que me diga acerca de todos los maravillosos lugares que ha visitado y las vistas que he visto".

Cuando nos sentamos en el sofá, ella comentó que ella y su marido habían regresado recientemente de un viaje a África. Así que le dije: "Qué interesante. ¿Ha visitado el gran país de la caza? Dígame acerca de África. Siempre he querido ir".

Eso sirvió durante cuarenta y cinco minutos. Nunca más me preguntó dónde había estado o lo que yo había visto. Ella no quería oírme hablar de mis viajes. Lo único que quería era un oyente interesado para que pudiera ampliar su ego y contar sobre dónde había estado.

¿Era rara? No. La mayoría de nosotros somos así. Así que si usted aspira a ser un buen conversador, sea un oyente interesado. Haga preguntas que la otra persona podrá disfrutar de contestar. Anímelo a hablar de sí mismo y de sus logros.

Recuerde que la persona con la que está hablando esta cien veces más interesada en sí misma, sus deseos y sus problemas, de lo que está en usted y sus problemas. Su dolor de muelas significa más para él que una hambruna en China, la cual mata a un millón de personas. Un forúnculo en el cuello, le interesa más que cuarenta terremotos en África. Piense en esto la próxima vez que inicie una conversación.

5. Haz que la otra persona se sienta importante y hazlo sinceramente

Hay una muy importante ley de la conducta humana. Si obedece esa ley, rara vez se meterá en problemas. Pero si la rompe, va a tener un sinfín de problemas. La ley es la siguiente: siempre haz que la otra persona se sienta importante.

El profesor John Dewey, como ya hemos señalado, dice que el deseo de ser importante es el deseo más profundo de la naturaleza humana. Es el impulso que nos diferencia de los animales. Es el impulso que ha sido responsable de la propia civilización.

Los filósofos han estado especulando sobre las riles de las relaciones humanas durante miles de años, y fuera de toda la especulación, no se ha desarrollado sino sólo un precepto importante. No es nuevo.

Zoroastro lo enseñó a sus adoradores del fuego en Persia hace tres mil años. Confucio lo predicó en China veinticuatro siglos atrás. Lao-Tsze, el fundador del taoísmo, se lo enseñó a sus seguidores en el Valle de Han.

Buda lo predicó en las orillas del Ganges

quinientos años antes de Jesús. Los libros sagrados del hinduismo lo enseñaron un millar de años antes de eso. Jesús lo enseñó entre las colinas de Judea hace diecinueve siglos. Jesús lo resumió en una frase, probablemente la frase más importante en el mundo, "Haz a los demás como te gustaría que te hagan a ti".

Usted quiere la aprobación de aquellos con quienes entras en contacto. Usted quiere el reconocimiento de su valor real. Quiere un sentimiento de que es importante en su pequeño mundo. Usted no quiere escuchar adulación barata, poco sincera, pero usted si desea sincero apreciamiento. Usted quiere que sus amigos y asociados sean, como Charles Schwab dice, "entregados en su aprobación y generosos en sus elogios". Todos queremos eso.

Así que obedezcamos a la regla de oro, y demos a los demás lo que haríamos que otros nos dieran.

Una vez sucumbí a la moda del ayuno, y estuve seis días y seis noches sin comer. No fue difícil. Tenía menos hambre al final del sexto día de lo que al final del segundo. Sin embargo, conozco gente que podría pensar que ha cometido un delito si dejan a sus familias o empleados estar durante seis días sin comer, pero los dejarían estar seis días y seis semanas, y a veces sesenta años, sin darles la apreciación sincera , el reconocimiento, la alabanza sincera, que se desean tanto como que desean la comida.

La lectura de esta no te hará ningún bien, a menos que lo apliques. Comience de una vez. ¿Dónde? ¿Por qué no empezar por casa? Dorothy Dix, experta en las causas de la infelicidad conyugal, dice: "Alabar a una mujer antes del matrimonio es una cuestión de inclinación. Pero alabarla después de casarse con ella, es una cuestión de necesidad y seguridad personal. El matrimonio no es un lugar para la franqueza. Es un campo de la diplomacia. Si desea estar todos los días espléndido, nunca critique la limpieza de su esposa, o haga comparaciones odiosas entre ella y su madre. Pero, por el contrario, esté siempre alabando sus labores domesticas y felicítese, abiertamente, a sí mismo por haberse casado con la única mujer que combina los atractivos de Venus y Minerva, y Mary Ann. Incluso cuando la carne es cuero; y el pan, cenizas, no se queje. Simplemente comentar que la comida no está a su nivel habitual de perfección, y hará una ofrenda de sí misma en la estufa de la cocina para vivir a la altura de su ideal de ella".

Nueve maneras para ayudarte a ganar a la gente a tu manera de pensar

REGLA NÚMERO UNO- La única manera de obtener lo mejor de una discusión es evitarla

Durante mi juventud, discutía con mi hermano en todo. Cuando fui a la universidad, estudié lógica y la argumentación y me involucré en concursos de debate. Habla de ser de Missouri, yo nací allí. Tenía que ser demostrado. Más tarde, enseñé debate y argumentación en Nueva York, y planeaba escribir un libro sobre el tema. Desde entonces, he escuchado, criticado, me he dedicado y observado los efectos de miles de argumentos en los negocios y la vida social. Como resultado de todo ello, he llegado a la conclusión de que todo es vanidad pura y que hay una sola manera bajo el cielo de obtener lo mejor de un argumento-y es evitándolo.

Nueve de cada diez veces, una discusión termina con cada uno de los concursantes más convencidos que nunca de que él tiene toda la razón.

No se puede ganar una discusión. No se puede, porque si la pierdes, la pierdes, y si usted gana, la pierde. ¿Por qué? Bueno, supongamos usted triunfa sobre el otro y desarma su argumento lleno de agujeros, y demuestra que no él es non compos pos mentis*. Entonces, ¿qué? Usted se sentirá bien. Pero ¿qué pasa con él? Le has hecho sentir inferior. Usted ha despertado su resentimiento.

El Penn Mutual Life Insurance Company ha establecido una política definida para sus vendedores: "¡No discutas!"

El arte real de vender no es discutir. No es algo ni remotamente parecido a discutir. La mente humana no es cambiada de esa manera.

Como el viejo y sabio Benjamín Franklin solía decir: "Si discuten, irritan y contradicen, es posible lograr una victoria a veces, pero será una victoria vacía, porque nunca se tiene la buena voluntad del oponente."

REGLA NÚMERO DOS- Muestra respeto por la opinión de la otra persona, nunca le digas a una persona que se equivoca

Durante los últimos veinticinco años he escuchado miles de empresarios tratar de llevar a otras personas a su forma de pensar.

Y muchos fracasaron porque comienzan

diciendo: "Le voy a demostrar a usted ...".

Eso está mal. Eso es equivalente a decir: "¡Soy más inteligente que tú. Voy a decirte una o dos cosas, y te haré cambiar de opinión!"

¿Qué efecto tiene esto en el oyente? Es un reto. Se despierta la oposición. Esto hace que el orador se sienta superior, pero hace que el oyente se sienta inferior. Y él se resiste. "Así que me vas a probar algo a mí, ¿verdad?", Dice para sí: "Bueno, vamos a ver cómo lo haces".

Le has hecho querer pelear contigo antes de empezar.

Es difícil, incluso en las condiciones más benignas, cambiar la mentalidad de la gente. ¿Entonces por qué hacerlo más difícil? ¿Por qué perjudicarte a ti mismo?

Si usted va a demostrar algo, no deje que nadie lo sepa. Hágalo tan sutil, tan hábilmente, que nadie va a sentir que lo está haciendo.

"Los hombres deben ser enseñados como si no se les enseñara, y las cosas desconocidas proponlas como olvidadas".

Así que nunca le digas a una persona que está equivocada. Nunca le diga de palabra, de gesto, una mirada, o la entonación.

Eso es cierto cuando se trata con hombres. Y. . . ¡cuando se trata con mujeres!

Theodore Roosevelt dijo, cuando estaba en la Casa Blanca, que si podía estar en lo cierto el 75% del tiempo, llegaría a la más alta medida de sus expectativas.

¿Con qué frecuencia tiene usted razón? Si usted pudiera depender de estar en lo correcto el 55% del tiempo, usted podría hacer un millón al día en Wall Street.

Si el 75% fue el promedio más alto de expectativa de Theodore Roosevelt, el suyo es probablemente mucho menos. Entonces, ¿qué derecho tiene usted a suponer que las personas que difieren con usted son los que están equivocados?

Si un hombre hace una declaración que usted sabe que está mal, ¿no es mejor empezar diciendo: "Puedo estar equivocado. Con frecuencia lo estoy. Examinemos los hechos"?

Esas son palabras mágicas, "puedo estar equivocado. Con frecuencia lo estoy. Examinemos los hechos".

Eso es lo que hace un científico. Steffanson, el explorador del Ártico, una vez me dijo: "Un científico no trata de demostrar nada. Sólo trata de encontrar los hechos".

Te gusta pensar de manera científica, ¿no? Bueno, nadie te lo impide, solo tú mismo.

Usted nunca se meterá en problemas al admitir que puede estar equivocado. Eso evitará toda discusión e inspirará el otro a ser tan justo, abierto y tolerante, como tú. Lo hará querer admitir que él también puede estar equivocado.

Los chinos tienen un proverbio preñado con la sabiduría milenaria del Oriente inmutable: "El que pisa con suavidad, llega lejos".

"A veces nos encontramos a nosotros mismo cambiando nuestra mente sin ninguna resistencia o emoción fuerte," dijo el profesor James Harvey Robinson, "pero si se nos dice que nos equivocamos, nos molesta la imputación y endurecemos nuestros corazones. . . Nos gusta seguir creyendo lo que nos hemos acostumbrado a aceptar como verdadero, y el resentimiento provocado cuando la duda se proyecta sobre alguna de nuestras presunciones, nos lleva a buscar toda clase de excusas para aferrarse a ellas. El resultado es que la mayor parte de nuestro llamado razonamiento, consiste en encontrar argumentos para ir en las creencias que ya tenemos".

REGLA NÚMERO TRES-
Si usted está equivocado, admítalo rápida y enfáticamente

Cuando cometa un error, admítalo con entusiasmo. Siempre es más fácil criticarse a uno mismo que soportar la condena de otros labios. Así que, dices de ti mismo todas las cosas negativas que usted sabe que la otra persona tiene la intención de decir-y las dice antes de que él tenga la oportunidad de decirlo, y te llevas el viento de sus velas. Las posibilidades son de cien a uno, que él va a tener una actitud generosa y perdonadora, y va reducir al mínimo tus errores.

Cuando nos equivocamos, y que sucede con una sorprendente frecuencia, si somos honestos con nosotros mismos, vamos a admitir nuestros errores de forma rápida y con entusiasmo.

Esta técnica no sólo va a producir resultados asombrosos, sino que, lo creas o no, es mucho más divertido, dadas las circunstancias, que tratar de defenderse a uno mismo.

Cualquier tonto puede tratar de defender sus errores-y la mayoría de los tontos lo hacen, pero te pone por encima de la manada, y te da un sentimiento de nobleza y exaltación admitir los errores propios.

Una de las cosas más bellas que registra la historia sobre Robert E. Lee, es la forma en que se culpó por el fracaso de la carga de Pickett en Gettysburg. ¿Excusas? Oh, sí, podría haber encontrado una partitura. ¿Culpar a los demás? Sí, podría haber hecho eso, porque algunos de sus comandantes de división le habían fallado. La caballería no llegó a tiempo para apoyar el ataque de la infantería.

Pero Lee era demasiado noble para culpar a los demás. Mientras que las tropas debatidas y ensangrentadas de Pickett luchaban por volver a las líneas confederadas, Robert E. Lee salió a reunirse con ellos a solas y les saludó con una auto-condena que fue poco menos que sublime. "Todo esto ha sido culpa mía", confesó. "Yo, y sólo yo, he perdido esta batalla."

REGLA NÚMERO CUATRO- Comienza de una manera amistosa

Si su temperamento se despierta y le dice una cosa o dos, usted pasará un buen tiempo de descarga de sus sentimientos. Pero ¿qué pasa con el otro? ¿Va a compartir su placer? ¿Sus tonos beligerantes, su actitud hostil, hacen que sea fácil para él llegar a un acuerdo con usted?

"Si vienes a mí con los puños doblados", dijo Woodrow Wilson, "Creo que puedo prometerte que los míos se doblarán tan rápido como los suyos; pero si tú vienes a mí y dices: 'Vamos a sentarnos y aconsejarnos mutuamente , y si diferimos, entendamos qué es lo que nos diferencia, cuáles son los puntos en cuestión son, y vamos a darnos cuenta que los puntos en los que diferimos son pocos, y los puntos sobre los que estamos de acuerdo son muchos, y que si sólo tenemos la paciencia, la franqueza, y el deseo de reunirnos, nos reuniremos".

Charles Schwab pasaba por una de sus fábricas de acero un día al mediodía, cuando se encontró con algunos de sus empleados fumando. Por encima de sus cabezas se veía un letrero que decía: "No fumar". ¿Schwab apunto a la señal y les dijo: "¿No saben leer?"? Oh, no, Schwab no. Se acercó a los hombres, entregó a cada uno un cigarro y les dijo: "Apreciaría, chicos, que éste lo fumaran afuera". Ellos sabían que él sabía que habían infringido una regla, y lo admiraban porque él no dijo nada al respecto, les dio un pequeño regalo, y les hizo sentirse importantes. No podría dejar de amar a un hombre así, ¿podrías tú?

REGLA NÚMERO CINCO- Haz que la otra persona te diga "Sí, sí", inmediatamente.

No empiece hablando de las cosas en las que difieren. Comience haciendo hincapié-y siga destacando-las cosas en las que están de acuerdo. Mantenga el énfasis, si es posible, en que los dos están luchando por un mismo fin, y su única diferencia es en el método, no el propósito.

Logre que la otra persona diga "Sí-Sí" desde el principio. Manténgalo alejado, si es posible, de decir "No".

"Un "No" de respuesta", dice el profesor Overstreet en su libro, Influenciando el Comportamiento Humano, "es un obstáculo muy difícil de superar. Cuando una persona ha dicho "No", todo su orgullo de personalidad demanda que siga siendo coherente con él. Más tarde, él puede considerar que el "No" fue un mal consejo, sin embargo, ¡tiene que tener en cuenta su precioso orgullo tener en cuenta! Habiendo dicho una cosa, tiene que atenerse a ella. Por lo tanto, es de la mayor importancia que comencemos con una persona en la dirección positiva. Obtener un 'No' de un estudiante al principio, o de un cliente, hijo, esposo, o esposa, y se necesita la sabiduría y la paciencia de los ángeles para transformar esa erizada negativa en una positiva".

Sócrates cometió algunos errores tontos. Por ejemplo, se casó con una muchacha de dieciocho años, cuando él era calvo y cuarentón. Sin embargo, ejerció una profunda influencia en la historia del pensamiento humano. Su método era hacer una serie de preguntas que obligaron a la otra persona a responder "Sí-Sí".

Una excelente técnica. ¿Por qué no intentarlo?

REGLA NÚMERO SEIS-
Deje que la otra persona haga mucho en la conversación

La mayoría de la gente, cuando se trata de ganar a otros en su forma de pensar, hablan mucho. Los vendedores, sobre todo, son culpables de este error costoso. Deja que la otra persona se disuada a sí mismo. Él sabe más sobre su negocio y sus problemas de lo que sabe usted. Por lo tanto, hágale preguntas. Deje que le cuente algunas cosas.

Si no está de acuerdo con él, usted puede estar tentado a interrumpir. Pero no lo haga. Es peligroso. Él no le prestará atención, mientras que él todavía tiene un montón de ideas en su propio llanto de expresión. Así que escucha con paciencia, y con la mente abierta. Sea sincero al respecto. Anímelo a expresar sus ideas por completo.

Isaac F. Marcosson, que es, probablemente, el mejor entrevistador del mundo de celebridades, declaró que muchas personas no logran causar una impresión favorable porque no escuchan con atención. "Ellos están tan preocupados de lo que van a decir a continuación, que no mantienen sus oídos abiertos ...Grandes hombres me han dicho que prefieren buenos oyentes, a buenos conversadores, pero la capacidad de escuchar parece más rara que casi cualquier otra cualidad".

Y no sólo los grandes hombres anhelan un buen oyente, pero la gente común también. Como el Reader's Digest dijo una vez: "Muchas personas llaman a un médico, cuando lo único que quieren es público".

Así que seamos una buena audiencia para el otro, y cuando termine, es probable que se sienta alentado por la actitud de ser una buena audiencia, para escuchar nuestra versión de la historia.

REGLA NÚMERO SIETE- Trate, honestamente, de ver las cosas desde el punto de vista de la otra persona

Recuerde que el otro puede estar totalmente equivocado. Pero él no lo cree así. No lo condene. Cualquier tonto puede hacer eso. Trate de entenderlo. Sólo los hombres sabios, tolerantes, excepcionales, tratan de hacer eso.

Hay una razón por la que el otro piensa y actúa como lo hace. Encuentre esa razón oculta-y tendrá tiene la llave de sus acciones-y, tal vez, de su personalidad. Trate honradamente de ponerse en su lugar.

Si se dices a usted mismo: "¿Cómo me sentiría yo?, ¿cómo reaccionaría yo si estuviera en sus zapatos?", se ahorrará mucho tiempo e irritación, y aumentará, considerablemente, su habilidad en las relaciones humanas.

Dean Donham, de la Escuela de Negocios de Harvard, dijo una vez: "Prefiero caminar por la acera de enfrente de la oficina de un hombre durante dos horas antes de una entrevista, que entrar a su oficina sin una idea perfectamente clara de lo que voy a decir y de lo que él-de mi conocimiento de sus intereses y motivos- es probable que responda".

Si, como resultado de leer este libro, obtiene una sola cosa: una mayor tendencia a pensar siempre en términos del punto de vista de la otra persona, y a ver las cosas desde su ángulo, así como si fuera la suya propia, si sólo obtiene eso de este libro, puede, fácilmente, llegar a ser uno de los hitos de su carrera.

REGLA NÚMERO OCHO- Deje que la otra persona sienta que la idea fue suya

Srta. Ida Tarbell me dijo que una vez entrevistó a un asistente de Owen D. Young, un hombre que se había sentado en la misma oficina con el Sr. Young durante muchos años. Este hombre dijo que nunca había oído a Owen D. Young dar una orden directa a nadie. "¿Qué piensa usted de esta idea?", el Sr. Young diría, o bien, "¿Crees que esto va a funcionar?". Y así sucesivamente.

¿No tienes mucha más fe en las ideas que descubres por ti mismo, que en las ideas que se te entregan en bandeja de plata? Si es así, ¿no es una mala decisión tratar de embestir sus opiniones en las gargantas de otras personas? ¿No sería más prudente hacer sugerencias, y dejar que la otra persona haga la conclusión por sí mismo?

El Sr. Adolfo Seltz de Filadelfia, un ex alumno mío, de repente se encontró ante la necesidad de inyectar entusiasmo en un grupo desalentado y desorganizado, de los vendedores de automóviles. Llamando a una reunión de ventas, instó a sus hombres para que le diga exactamente lo que esperaban de él. Mientras hablaban, escribió sus ideas en la pizarra. Entonces él dijo: "Les voy a dar todas esas cualidades que ustedes esperan de mí. Ahora quiero que me digan lo que tengo derecho a esperar de ustedes". Las respuestas llegaron rápidamente. Lealtad. Honestidad. Iniciativa. Optimismo. Trabajo en equipo. Ocho horas diarias de trabajo entusiasta. Un hombre se ofreció para trabajar catorce horas al día. La reunión terminó con un nuevo entusiasmo, una nueva inspiración, y el Sr. Seltz me informó que el aumento de las ventas ha sido fenomenal.

REGLA NÚMERO NUEVE-
Se receptivo a las ideas y deseos de la otra persona

¿No le gustaría tener una frase mágica que evitaría discusiones, eliminaría malos sentimientos, crearía buena voluntad, y haría que la otra persona escuche con atención?

¿Sí? Está bien. Aquí está. Comience diciendo: "Yo no lo culpo en lo más mínimo por sentirse como usted lo hace. Si yo fuera usted, yo, sin duda, me sentiría igual".

Una respuesta como esa suavizaría al los viejos más cascarrabias en vida. Y puede decir eso y ser 100% sincero. Porque, si usted fuera la otra persona, por supuesto que se sentiría del mismo modo que él lo hace. Permítanme ilustrar. Veamos a Al Capone, por ejemplo. Supongamos que ha heredado el mismo cuerpo, la mente y temperamento que Al Capone heredó. Supongamos que usted tuvo su medio ambiente y experiencias. Usted sería, precisamente, lo que él es, y estaría dónde él está. Porque son esas cosas-y sólo esas cosas, las que lo convirtieron en lo que es.

La única razón, por ejemplo, por la que usted no es una serpiente cascabel, es debido a que su madre y su padre no eran serpientes cascabel. La única razón por la que no besa vacas, y no considera que las serpientes son santas, se debe a que no nació en una familia hindú en las orillas del Brahmaputra.

Usted se merece muy poco crédito por ser lo que eres, y recuerde, el hombre que viene a usted irritado, intolerante e irracional, merece muy poco descrédito por ser lo que es. Sienta lástima por el pobre diablo. Compadézcase de él. Simpatice con él. Dígase a si mismo lo que Juan Wesley solía decir cuando veía a un vagabundo borracho tambaleándose por la calle: "De no ser por la gracia de Dios, sería yo".

Tres cuartas partes de las personas con las que se reunirá mañana, tienen hambre y sed de simpatía. Déselos, y lo amarán.

Para repetir:
Nueve maneras para ayudarte a ganar a la gente a tu manera de pensar

1. La única manera de obtener lo mejor de una discusión, es evitándola.

2. Muestra respeto por las opiniones de la otra persona. Nunca le digas a una persona que está equivocada.

3. Si usted está equivocado, admítalo rápida y enfáticamente.

4. Comience de una manera amistosa.

5. Logre que la otra persona diga "sí, sí" inmediatamente.

6. Deja que la otra persona haga mucho en la conversación.

7. Trate, honestamente, de ver las cosas desde el punto de vista de la otra persona.

8. Deje que el otro sienta que la idea fue suya.

9. Sea receptivo a las ideas y deseos de la otra persona.

Lightning Source UK Ltd.
Milton Keynes UK
UKHW012232071122
411807UK00002B/431